BEI GRIN MACHT SICH IHR
WISSEN BEZAHLT

Soziale Arbeit in der Schule. Studientagebuch zum Projekt „Herausforderung"

Laura Linn

Bibliografische Information der Deutschen Nationalbibliothek:

Die Deutsche Nationalbibliothek verzeichnet diese Publikation in der Deutschen Nationalbibliografie; detaillierte bibliografische Daten sind im Internet über http://dnb.d-nb.de abrufbar.

ISBN: 9783346478184
Dieses Buch ist auch als E-Book erhältlich.

© GRIN Publishing GmbH
Nymphenburger Straße 86
80636 München

Druck und Bindung: Books on Demand GmbH, Norderstedt Germany
Gedruckt auf säurefreiem Papier aus verantwortungsvollen Quellen

Das Buch bei GRIN: https://www.grin.com/document/1064851

Fachhochschule Frankfurt – University of Applied Sciences
Fachbereich 4 Soziale Arbeit und Gesundheit
Studiengang: Soziale Arbeit (B.A.)

Portfolio

Projekt „Herausforderung" – Soziale Arbeit und Schule

Modul 17.1: Schwerpunktmodul: Bildung und Erziehung – Praxisvorberei-
tung
Wintersemester 2019/2020

vorgelegt von:

Laura Linn

3. Semester
Abgabetermin: 26.02.2020

Inhaltsverzeichnis

1 Begründung für die Wahl des Schwerpunktes „Projekt Herausforderung – Soziale Arbeit und Schule"

In Begleitung zu meinem vorherigen Lehramtsstudium habe ich an verschiedenen Schulen als Vertretungskraft, aber auch in Projekten in Kooperation mit Schulsozialarbeiter_innen gearbeitet. Im Zuge dieser Arbeit wurde mir immer deutlicher, dass ich die Arbeit mit Schüler_innen und Jugendlichen sehr gerne mache, allerdings nicht in der Rolle einer Lehrkraft, weshalb ich mich in meinen Projekten und Jobs auch immer weiter von der Lehrtätigkeit weg bewegte und mich letztlich im Umfeld der Sozialen Arbeit wiederfand. Insbesondere die Möglichkeiten, die sich als Sozialarbeiter_in in Bezug zur Arbeit mit Jugendlichen bieten, halte ich in Bezug auf deren Entwicklung für gewinnbringend und nicht vergleichbar mit jenen der Lehrer_innen. Dies war, in Verbindung mit vielen weiteren Aspekten, die sich aus dem Spannungsfeld der Tätigkeiten als Lehrer_in und Sozialarbeiter_in und dem Kennenlernen beider Welten ergeben, waren für mich ausschlaggebend dafür, nochmals Soziale Arbeit zu studieren. Eben diese Beweggründe spielen auch bei meiner Wahl des Moduls 17 und somit des Projekts „Herausforderung" eine entscheidende Rolle. Das Arbeitsfeld Schule empfinde ich als sehr spannend und möchte mich später gerne auch in diesem Kontext bewegen. Das Projekt selbst vereinbart dieses Arbeitsumfeld mit weiteren, neueren pädagogischen Ansätzen, die ich für gut befinde und so nur befürworten kann, da Schule sich meiner Meinung nach weiterentwickeln sollte und muss. Daher war für mich klar, dass ich die Möglichkeit, Teil eines solchen Pilotenprojekts zu sein, in jedem Fall wahrnehmen möchte. Hieraus ergeben sich, meiner Meinung nach, vielseitige Erfahrungen, aus welchen sowohl die Schüler_innen, als auch wir als angehende Sozialarbeiter_innen aber auch die Institution Schule lernen können. Ein solches Projekt kann meiner Auffassung nach daher nur gewinnbringend sein und ich sehe es als großartige Chance an, Teil daran zu haben. Ich erwarte von dem Seminar daher, dass es uns angemessen auf die Tätigkeit als Begleiter_innen bei diesem spannenden Projekt vorbereitet und unser Repertoire an pädagogischen Handlungsmöglichkeiten erweitert, sodass wir adäquat auf die individuellen Bedürfnisse der durch uns begleiteten Schüler_innen eingehen können. Zudem gehe ich davon aus praktisch erneut zu erleben, was es bedeutet sich in einem Spannungsfeld zwischen Institution Schule, Sozialer Arbeit, Schüler_innen und Eltern zu bewegen, aber auch weitere Mechanismen zu erlernen, wie der Umgang mit diesem Spannungsfeld gelingen kann.

2 Studientagebuch

2.1 Sitzung am 18.10.2019: 1. Blocktag – Infos zum Modul inklusive des Portfolios – Schule und das Projekt Herausforderung

In der heutigen Sitzung wurden zunächst die Rahmenbedingungen des Seminars „Projekt ‚Herausforderung' begleiten Soziale Arbeit und Schule" besprochen. In diesem Zuge sind wir darauf eingegangen, was eine Herausforderung im Sinne des Projektes ist, wie die Schüler_innen diese gestalten und was unsere Aufgabe als Begleitpersonen ist. Eine bessere Vorstellung von den möglichen Herausforderungen und dem, was uns erwartet, konnten wir durch die Herausforderungen der Evangelischen Schule Berlin Zentrum aus dem Jahr 2018 erhalten. Diese waren im Seminarraum ausgelegt, sodass wir sie in Ruhe durchlesen und einen Überblick über die Projekte, deren Durchführungen und die Erfahrungen, die die Schüler_innen protokolliert haben, bekommen konnten. Der Film „Herausforderung" der 4. Aachener Gesamtschule hat hierzu ebenfalls beigetragen. Den Ursprung des Projektes lernten wir durch den Film „Eine Schule der Zukunft", in welchem Margret Rasfeld, ehemalige Schulleiterin der Evangelischen Schule Berlin Zentrum, interviewt wird kennen. Im Anschluss hieran haben wir uns selbst mit dem Thema Schule beschäftigt, in dem wir den Satz „Schule ist..." vollendet und besprochen haben, was Schule für jede_n von uns bedeutet, was sie gerade ist und was sie sein kann. An dieser Stelle haben unsere eigenen schulischen Erfahrungen, an die wir uns zuvor in einer Methode erinnert, uns über sie ausgetauscht und reflektiert haben, mit eingewirkt. Des Weiteren haben wir zusammengetragen, was unsere Anforderungen und Wünsche an das Seminar sind und welche Themen wir gerne behandeln würden. Schließlich haben wir uns, anhand eines Textes, mit der motivorientierten Erweiterung der Komfortzone auseinandergesetzt. Um uns gegenseitig kennen zu lernen und zwischendurch aufzulockern haben wir verschiedene Methoden durchgeführt. So haben wir beispielsweise einen Gegenstand von uns weitergegeben und uns dabei vorgestellt. Die Person, die unseren Gegenstand erhalten hat, musste diesen dann wiederum einer weiteren Person geben, dieser sagen, um wessen Gegenstand es sich handelt und sich gleichzeitig auch selbst nochmals vorstellen. Am Ende der Methode haben wir die Gegenstände dem_der jeweiligen Eigentümer_in zugeordnet. Insgesamt habe ich die Methoden als sehr gewinnbringend empfunden, gerade in Bezug darauf, die anderen Seminarteilnehmer_innen kennen zu lernen, da die Thematik des Kurses für mich doch eine gewisse Vertrautheit voraussetzt, wenn man sich in diesem Zuge ehrlich über eigene Befürchtungen und Unsicherheiten austauschen möchte und um eigene Erfahrungen in Hinblick auf die Erweiterung der eigenen Komfortzone machen zu können. Die Komfortzone stellt sogleich die Thematik dar, die mir aus der Sitzung , in Verbindung mit der Diskussionen rund um das Thema Schule in Zusammenhang mit dem Text „Motivorientierte Erweiterung der Komfortzone", am stärksten in Erinnerung geblieben ist. Zu beiden genannten Themen gab es unterschiedliche Meinungen im Seminar, wobei hieraus für mich deutlich wurde, dass sowohl Motivation, als auch Herausforderungen und Grenzen, etwas individuelles und nicht auf andere übertragbar sind, was auch der Grund dafür ist, dass die Erfahrungen und Erinnerungen in Bezug auf Schule divers sind. Ebenfalls hat der Text zum Thema Erweiterung der Komfortzone dazu beigetragen, ein besseres Verständnis für meine Aufgabe als Begleitperson bei dem Projekt „Herausforderung" zu bekommen, da mir nun wieder gegenwärtiger ist, welche Gefühle hierdurch ausgelöst werden können und wie schmal der Grat zwischen erweiterter Komfort- und Panikzone ist, sodass ich als Begleitperson ein besonderes Augenmerk auf das Verhalten der Schüler_innen in herausfordernden Situationen haben möchte. Da die persönliche Komfortzone etwas sehr Individuelles ist und somit auch Motivation, Herausforderungen und Grenzen bei jede_m unterschiedlich angelegt und nicht auf andere übertragbar sind, muss ich in meiner Arbeit darauf achten, auch innerhalb einer Herausforderungsgruppe alle Schüler_innen und deren Bedürfnisse individuell zu betrachten und zu berücksichtigen.

2.2   Sitzung am 23.10.2019: 1. Termin – Herausforderung „Stempeljagd"

In der Heutigen Sitzung ging es um die Herausforderung „Stempeljagd". Hierbei handelt es sich um eine Spielidee für soziales Lernen in der Stadt. Um die Methode kennen zu lernen, haben wir uns in Kleingruppen von jeweils drei Personen aufgeteilt und erhielten jeweils ein Klemmbrett mit einem weißen Papier. Aufgabe war es, auf diesem, innerhalb von 30 Minuten, so viele verschiedene Stempel wie möglich zu sammeln. Hierfür durften wir uns frei auf dem Campus und über diesen hinausbewegen. Interessant fand ich, dass das Ziel der Methode, wie bei allen City Bound Methoden ist, sich selbst auf verschiedenen Ebenen besser kennen zu lernen und sich und das eigene Handeln im Anschluss an die Methode zu reflektieren. Es geht dabei um das Reflektieren der eigenen Wahrnehmung, Vorgehensweisen und Strategien, das Eigene Erleben und die Rolle in der Gruppe, aber auch die Deutung der Fremdwahrnehmung und die Bedeutung der Erfahrungen für die Zukunft und den Transfer in das eigene Leben. Eigene Stärken und Schwächen können dabei erkannt und herausgearbeitet werden, aber auch das Ausdehnen und Überschreiten der eigenen Grenzen ist möglich, sodass jede_r die Möglichkeit hat, an sich selbst und über sich hinaus zu wachsen. Auch wir haben unsere Erfahrungen im Anschluss an die „Stempeljagd" ausgetauscht und reflektiert, wobei der Konsens herrschte, dass diese Methode für niemanden von uns eine echte Herausforderung dargestellt hat. Gleichzeitig fand ich dennoch interessant, wie unterschiedlich die Schwerpunkte in Bezug auf das

Kontaktieren anderer Personen oder Einrichtungen innerhalb unserer Gruppe waren. So empfand ich es beispielsweise nicht als schwierig in den studentischen Cafés oder universitären Büros nach Stempeln zu fragen, dachte jedoch über das Klingeln beim Kinderhaus auf dem Campus intensiver und mehrfach nach, da ich mich, aufgrund meiner Arbeit in einer Krippe, in die Lage der Erzieher_innen hineinversetzen konnte und wusste, welche Konsequenzen eine solche Störung für den Gruppenablauf und das Geschehen haben können und mich daher unwohl dabei fühlte, wegen eines Stempels zu klingeln. Anderen Personen erging es genau gegensätzlich, da sie andere persönliche Erfahrungen und Blickwinkel mit in die Aufgabe brachten. Da die Schüler_innen bei ihren „Herausforderungen" jedoch auch in Situationen kommen, in denen sie fremde Menschen um Hilfe bitten müssen, ist es meiner Meinung nach von Vorteil, selbst einmal an Methoden teilzunehmen, die dies implizieren, um die Schüler_innen und ihre Ängste und Hemmungen später im Projekt besser verstehen zu können.

2.3 Sitzung am 30.10.2019: 2. Termin – Informationen zum Projekt Herausforderung in der IGS Süd

Die heutige Sitzung fand in der IGS Süd statt. Dort trafen wir uns mit dem Schulleiter Uwe Gehrmann sowie Jenny Desoi, Sarah Lotz und Anna Denk. Sarah Lotz ist Mitarbeiterin der IGS Süd, hat aber bereits auch selbst als Begleiterin an einer Herausforderung der IGS West teilgenommen, sodass sie von eigenen Erfahrungen berichten konnte. Anna Denk ist zuständig für die Jugendhilfe der IGS Süd und Jenny Desoi ist eine der Hauptverantwortlichen für die Herausforderungen an der IGS Süd. Zunächst haben wir etwas über die Entstehung und den Aufbau der Schule erfahren und die Ziele, die mit dem pädagogischen Konzept verfolgt werden, kennen gelernt. So möchte die IGS Süd die individuelle Persönlichkeitsentwicklung der einzelnen Schüler*innen unterstützen und ihnen das Finden des eigenen Weges ermöglichen, sodass die Schüler*innen eine Stärkung des eigenen Ichs und der eigenen Kompetenzen erfahren. Dieses Ziel wird auch mit dem Projekt Herausforderung verfolgt. Die Konzeption ist dabei angelehnt an die der Evangelischen Hochschule Berlin Zentrum und Magret Rasfeld, der ehemaligen Schulleiterin eben dieser Schule. Im vergangenen Schuljahr wurden in einem Pilotprojekt bereits mit ca. 20 Schüler_innen der IGS Süd Herausforderungen geplant, die aufgrund von Krankheit der Begleitpersonen jedoch nicht stattfinden konnten. In diesem Schuljahr beginnt die Planung der der Herausforderungen mit ca. 200 Schüler_innen der IGS Süd, wobei die Durchführung der Projekte für den August 2020 geplant ist. Aus den Erzählungen von Sarah wurde deutlich, dass insbesondere das Heraushalten aus Gruppenprozessen eine Herausforderung für die Begleiter_innen darstellen kann, aber auch die Versorgung und Gegebenheiten vor

Ort je nach Planung der Schüler_innen nicht zwangsläufig optimal sind, sodass auch die Begleiter_innen gegebenenfalls Grenzerfahrungen machen. Betont wurde aber auch, dass es im Zuge der Begleitung der Schüler_innen bei pädagogischen Entscheidungen kein Richtig oder Falsch gibt, sondern jede_r Begleiter_in im eigenen pädagogischen Ermessen handeln kann und muss. Dabei ist wichtig, auch die eigenen Gefühle, Bedürfnisse und Grenzen zu berücksichtigen und als Gruppenmitglied einfließen zu lassen. Sarah sagt von sich selbst, dass sie durch die Herausforderung einen neuen Blick auf ihr eigenes pädagogisches Handeln bekommen hat, was ihr auch im Zuge des Unterrichtens neue Perspektiven eröffnet. Im Verlauf unseres Treffens wurden zudem viele unserer offenen Fragen geklärt, sodass meine Befürchtungen in Bezug auf Aufsichtspflicht und Haftbarkeit aber auch eigene Bedürfnisse, nun größtenteils nicht mehr vorhanden sind oder zumindest soweit geklärt wurden, dass für mich nichts mehr gegen eine Teilnahme an dem Projekt als Begleitperson spricht. Zudem wurde vereinbart, dass es noch weitere Treffen an der IGS Süd geben wird und auch wir als Begleiter_innen die Möglichkeit haben uns in den Planungsprozess des Projektes Herausforderung zu integrieren, was ich persönlich als sehr vorteilhaft empfinde, da es uns die Möglichkeit gibt, das Projekt ein Stück weit nach unseren Vorstellungen zu gestalten und mögliche Risiken im Vorhinein entgegenzuwirken.

2.4   Sitzung am 06.11.2019: 3. Termin – Reflexion des Besuchs der IGS Süd – Planung einer eigenen Herausforderung

In der heutigen Sitzung haben wir den Termin in der IGS Süd anhand der City Bound Methode „Phasen der Reflexion" nachbesprochen. Dabei gilt es die drei Komponenten ‚Kopf', ‚Herz' und ‚Hand' zu benennen, die stellvertretend für den sachlichen Ablauf, die emotionale subjektive Wahrnehmung und den Transfer in den Alltag stehen. Diese Methode ist meiner Ansicht nach sehr hilfreich, wenn es darum geht, Sachinhalte von Vermutungen und subjektiven eindrücken zu trennen, insbesondere, wenn eine_r einzelne_r der Gruppe das Erlebte wiedergibt. Besonders in Erinnerung geblieben ist mir eben diese Methode, da ich sie auf das Treffen der IGS Süd anwenden und der Seminargruppe davon berichten durfte. Aus dieser Methode nehme ich mit, dass es für das Reflektieren von Erlebnissen, Erfahrungen und Wissensinput von Vorteil sein kann, diesen in verschiedene Themenbereiche zu separieren und dabei darauf Wert zu legen, dass sowohl die sachliche als auch die emotionale und zukunftsorientierte Perspektive ihre Repräsentanz darin finden.

2.5 Sitzung am 09.11.2019: 2. Blocktag – City Bound in Verbindung mit einer eigenen Herausforderung

Die heutige Sitzung war ein Blocktag mit dem Thema City Bound in Zusammenhang mit durch uns durchgeführten Herausforderungen. Da mein Zug nach Frankfurt nicht fuhr entschloss ich mich kurzerhand den Weg nach Frankfurt zu meiner persönlichen Herausforderung zu machen. Da es mir schwerfällt, Menschen anzusprechen, um für mich selbst um Hilfe zu bitten, war dies die perfekte Herausforderung, um meine Komfortzone zu erweitern. Ich klingelte zunächst bei einem Anwohner, um ihn zu bitten, mich zum nächstgelegenen Bahnhof zu fahren, von welchem auch eine S-Bahn nach Frankfurt fahren würde. Glücklicherweise war der Rentner sehr hilfsbereit und fuhr mich zu eben besagtem Bahnhof, was mich ermutigte, auch weiterhin Menschen anzusprechen. Eigentlich war dies schon Herausforderung genug, aber aufgrund eines Brandes fuhren leider auch keine S-Bahnen, sodass ich am Bahnsteig und am nahegelegenen „Park and Ride" Parkplatz weitere Personen ansprach und sie fragte, wo sie hinfahren würden. Ein mitte zwanzig jähriger Mann musste nach Darmstadt und konnte mich bis zum dortigen Hauptbahnhof mitnehmen. Mein Plan war dann von dort aus entweder eine S-Bahn, einen RE oder einen ICE nach Frankfurt zu nehmen. In Darmstadt angekommen musste ich leider feststellen, dass auch hier der Zugverkehr, aus anderen Gründen, beeinträchtigt war, sodass ich mich erneut um eine Mitfahrmöglichkeit bemühen musste. Ich merkte an dieser Stelle, dass mein Stresslevel schon deutlich erhöht war, zumal ich mittlerweile in etwa eine Stunde zu spät für das Seminar war. Da ich aber keine andere Möglichkeit hatte, fragte ich erneut auf dem Parkplatz bei verschiedenen Leuten nach ihrem Zielort. Eine Frau konnte mich mit bis nach Langen nehmen, dort fragte ich erneut verschiedene Personen nach deren Zielort und wurde von einer Gruppe Student_innen, die gemeinsam shoppen gehen wollten, bis nach Frankfurt mitgenommen. Von der Innenstadt aus nahm ich dann die Straßenbahn zur Frankfurt UAS und kam mit starker Verspätung und nervlich sehr ausgelastet im Seminar an. Die Herausforderung hat mir gezeigt, dass ich, wenn ich etwas wirklich möchte und mir dieses Anliegen wichtig ist, sofern ich keine andere Wahl oder Möglichkeit habe, durchaus in der Lage bin, auch für meine eigenen Belange andere Menschen anzusprechen. Dennoch habe ich gemerkt, dass mit der Ankunft in Frankfurt meine Energie deutlich abgenommen hatte und ich kaum noch Motivation für die Durchführung weiterer Herausforderungen hatte. Im Vergleich mit der Herausforderung, bei der wir Eier gegen wertvollere Gegenstände tauschen sollten, ist mir aufgefallen, dass mir diese Herausforderung deutlich schwerer viel, da ich darin keinen wirklichen Sinn sah. Anders als bei meiner persönlichen Herausforderung, bei der ich das konkrete, für mich nützliche, Ziel hatte, zum Seminar zu kommen, gab es bei der Herausforderung „Eiertausch" keinen tieferen Sinn, was für mich persönlich das Ansprechen von Personen und Nachfragen deutlich schwieriger machte. Auch die persönliche zweite Herausforderung, dich ich im Laufe des Seminars machen musste, hatte für mich nicht wirklich einen Sinn, sodass das Ansprechen und Nachfragen auch hier für mich schwieriger waren. Für die Herausforderungen der Schüler_innen nehme ich aus diesem Tag mit, dass es einen Unterschied macht, ob man eine künstliche Herausforderungssituation herstellt, oder ob diese durch die gegebenen Umstände entsteht. Letzteres erhöht meiner Meinung nach die Motivation, sich aus der eigenen Komfortzone zu bewegen, um das Notwendige für das Erreichen des eigenen Ziels zu erreichen. Aber auch, ob man alleine ist oder mindestens eine weitere Person bei sich hat, hat für mich einen Unterschied gemacht, da bei der zweitgenannten Situation durchaus die Möglichkeit besteht, die andere Person den unangenehmen Teil übernehmen und diese nachfragen zu lassen. Dies könnte im Zuge der Herausforderungen der Schüler_innen eine Rolle spielen, da sich so für jede_n Einzelnen die Möglichkeit bietet, sich hinter der Gruppe zu verstecken und letztlich die eigene Komfortzone nicht erweitern oder verlassen zu müssen. Dies ist auf jeden Fall ein weiterer Umstand, auf dessen tatsächliche Auswirkung ich in den Herausforderungen der Schüler_innen, ich gespannt bin.

2.6   Sitzung am 13.11.2019: 4. Termin – Die Methode Mediation I

Themen der heutigen Sitzung waren Konflikte und Streitschlichtung, sowie die Methode Mediation. Da ich leider nicht da sein konnte, habe ich die Sitzung mithilfe der hochgeladenen Materialen und Erzählungen von Kommiliton_innen nachgearbeitet. Der PowerPoint lässt sich entnehmen, dass es zunächst darum ging, was ein Konflikt überhaupt ist, was die Ursachen für einen solchen sind und welche Strategien es im Umgang mit Konflikten gibt. Besonders spannend finde ich hierbei, dass Konflikte häufig vermieden oder verdrängt werden und als störend, bedrohlich, destruktiv und schmerzvoll erlebt werden, anstatt sie als Möglichkeit zu sehen, sich weiterzuentwickeln, den eigenen Horizont zu erweitern und über sich hinaus zu wachsen. Auch das sich die Konfliktursachen in die fünf Bereiche Sachkonflikt, Interessenkonflikt, Beziehungskonflikt, Wertekonflikt und Strukturkonflikt einteilen lassen, finde ich interessant. Aus diesen Informationen und den Strategien für den Umgang mit Konflikten nehme ich für die Praxis und das Projekt „Herausforderung" mit, dass es wichtig ist, sich den verschiedenen Auslösern, Ursachen, Reaktionsmechanismen und Sichtweisen bewusst zu sein und diese im Prozess der Konfliktlösung zu berücksichtigen. Insbesondere die Regeln für die Grundhaltungen einer konstruktiven Konfliktlösung halte ich für sehr hilfreich, wenn es darum geht, die Methode der Mediation zur Konfliktlösung zu nutzen.

2.7 Sitzung am 20.11.2019: 5. Termin – Die Methode Mediation II in Verbindung mit Rollenspielen

Thema der heutigen Sitzung waren die fünf Phasen einer Mediation. Diese und deren Umsetzung wurden anhand eines Rollenspiels erarbeitet. Da ich nicht anwesend war, habe ich mir die Materialien in Moodle angesehen und mir von Kommiliton_innen erzählen lassen was wir gemacht haben. In Erinnerung geblieben ist mir, dass sich die Mediation in die fünf Schritte ‚Einleitung‘, ‚Sichtweisen der Konfliktparteien‘, ‚Vertiefung und Konflikthintergrund‘ und ‚Lösungssuche‘ einteilen lässt. Die Phase der Einleitung dient dazu, den Ablauf der Mediation zu klären, zu vereinbaren, wer von den Konfliktparteien beginnt und Regeln für das Gespräch transparent dazulegen, wobei über letzteres die Zustimmung der Konfliktparteien eingeholt werden sollte. Zudem wird die Rolle des_der Mediator_in erläutert und die Freiwilligkeit der Teilnahme betont. Im zweiten Schritt der Mediation tragen dann die beteiligten Konfliktparteien nacheinander ihre Sichtweisen vor, wobei diese durch den_die Mediator_in, durch wiederholen der Inhalte, gespiegelt werden. Wichtig ist dabei als Mediator_in nachzufragen, wenn Unklarheiten bestehen, zusammenzufassen, um was es in dem Konflikt geht und die Unterschiede und Gemeinsamkeiten herauszuarbeiten, bevor im dritten Schritt die Vertiefung des Konflikthintergrundes im Zentrum steht. Hierbei geht es darum, die Motive und Gefühle herauszuarbeiten, gemeinsame Interessen der Beteiligten hervorzuheben und somit die positiven Elemente zu stärken. Besonderes Augenmerk sollte darauf liegen, dass die Konfliktparteien von sich und über sich selbst sprechen. Im Anschluss erfolgt die Lösungssuche, wobei die Lösungsideen per Brainstorming durch die Konfliktparteien gesammelt und im Anschluss sortiert, angeleitet diskutiert und positiv umformuliert werden, sodass am Ende jene Lösungsvorschläge ausgewählt werden können, mit denen beide Parteien einverstanden sind. Letztlich wird als fünfter Schritt mithilfe der Lösungsvorschläge eine Vereinbarung zwischen den Beteiligten formuliert, besiegelt und unterschrieben und die Mediation im Anschluss aufgelöst. Besonders spannend finde ich, dass es laut meinen Kommiliton_innen unterschiedliche Meinungen zur Mediation gab und nicht alle die Methode gut finden, was meiner Meinung nach darauf zurück zu führen ist, dass ein Teil die Mediation als Methode zwischen erwachsene_r Mediator_in und Schüler_innen und ein anderer Teil als Methode zwischen eine_r Schüler_in und den Konfliktparteien der Schüler_innen, verstanden hat und die Beispiele plakativ und unvorteilhaft gewählt sind, da sie gestellt wirken und praxisfremd sind. Aus den Unterlagen geht nicht klar hervor, auf welches Setting sich die vorgestellte Mediation bezieht, wobei ich, nach Recherche der Quellen und Autor_innen davon ausgehe, dass es sich um Materialien zur Ausbildung von

Schüler_innen als Mediator_innen handelt. Daher halte ich die Methode der Mediation an sich für sinnvoll, sofern sie im schulischen Setting zwischen Mitschüler_innen angewandt wird, wobei auch Lehrer_innen und Sozialarbeiter_innen die Methode kennen und gegeben Falls nutzen sollten, wenn die Situation dies erfordert. Aus der Sitzung nehme ich für die Umsetzung des Projekts mit, dass es wichtig und hilfreich ist zu wissen, welche Aspekte man berücksichtigen muss, um Konflikte erfolgreich zu lösen und als Mediator zu fungieren, dass man dabei jedoch authentisch bleiben sollte und es darauf zu achten gilt, dass die Streitparteien den_die Mediator_in ernst nehmen und das Ganze nicht lächerlich finden.

2.8 Sitzung am 27.11.2019: 6. Termin – Bericht über den Elternabend an der IGS Süd und das Thema Elternkooperation

Thema der heutigen Sitzung war Eltern und Schulsozialarbeit. Im Mittelpunkt stand dabei die Frage danach, welche Aufgabe der Sozialen Arbeit in der Schule in Hinblick auf die Elternarbeit zukommt. Zusammenhängen hiermit hat eine Kommilitonin von dem Elternabend in der IGS Süd berichtet, den sie als Vertreterin unserer Seminargruppe besucht hat. Insbesondere das Sinnbild der drei Zahnräder, die ineinandergreifen und repräsentativ für Eltern, Lehrer_innen und Schüler_innen stehen, ist mir in Erinnerung geblieben, da hieraus ein Diskurs darüber entstand, dass die Zahnräder sich in dieser Konstellation nicht drehen können, da sie mechanisch gegeneinander wirken und daraus folgend eine Kraftübertragung nicht möglich ist. Hieraus resultierte die Überlegung, dass ein weiteres Zahnrad von Nöten ist, damit sich das Konstrukt drehen kann. Dieses Zahnrad würde dann die Soziale Arbeit repräsentieren. Dieses Sinnbild steht meiner Meinung nach stellvertretend für die Wichtigkeit der Sozialen Arbeit im Kontext Schule, da Sozialarbeiter_innen in diesem Zusammenhang, sowohl bezogen auf das Schaubild, als auch praktisch, die Funktion des Bindegliedes zwischen den einzelnen Parteien einnehmen. Hieraus nehme ich für die Arbeit in Einrichtungen mit, dass es verschiedener Instanzen und Personen bedarf, die eigenständig operieren können, gleichzeitig aber durch etwas verbunden sein müssen, damit die pädagogische Arbeit sinnvoll ist. Alle Beteiligten sollten sich daher ihrer Funktion und der der anderen in diesem Gefüge bewusst sein, um möglichst schüler_innenorientiert und zielführend ihrem gemeinsamen Auftrag nachgehen zu können.

2.9 Sitzung am 04.12.2019: 7. Termin – Vorstellung der IGS Süd durch Schüler_innen

Die heutige Sitzung fand an der IGS Süd statt, wobei die Schule durch Schüler_innen vorgestellt wurde. Leider konnte ich nicht an der Sitzung teilnehmen, sodass ich mich an dieser Stelle auf die Erzählungen meiner Kommiliton_innen und die Materialien in Moodle stütze. Meine Kommiliton_innen wurden von den zwei Schülern Falk und Raúl durch die Schule geführt und bekamen die wichtigsten Besonderheiten der Schule von ihnen erklärt. Dabei erfolgte der Einblick in den Schulalltag aus der Perspektive der Schüler_innen, was, der Meinung meiner Kommiliton_innen nach, die Authentizität der Führung erheblich steigerte. Beeindruckend empfanden war den Erzählungen nach, dass die Schüler_innen selbst Fragen nach Organisatorischem ohne Probleme beantworten konnten. Ergänzend zu den Erzählungen habe ich mir den Film „‚Zukunft Bildung‘: Schule ohne Noten" der Hessenschau angeschaut, der im Rahmen der ARD-Themenwoche „Zukunft Bildung" am 12.11.2019 veröffentlich wurde. Hier werden die Schüler_innen Luise und Henry in die IGS Süd begleitet und das Schulkonzept wird vorgestellt. So gibt es keine Noten und Hausaufgaben, was die beiden befürworten, da sie so keinen Leistungsdruck verspüren, in individueller Geschwindigkeit lernen können und den Nachmittag zur freien Verfügung haben. Der Schultag startet bei ihnen mit einem Morgenkreis und dem Klären der Anwesenheit und offener Fragen. Im Anschluss hieran können die Schüler_innen selbst entscheiden, welches Fach sie lernen möchten und begeben sich dann, entsprechend des gewählten Faches, in das entsprechende Fachbüro. Dort lernen die Schüler_innen selbstständig und selbstbestimmt und in eigener Geschwindigkeit entsprechend ihrer individuellen Lernreise. Die Lernreise schließt mit einem Check Out und einem anschließenden Text ab. Bei Fragen legen die Schüler_innen ihre Lernkarten in die Mitte des Raumes, sodass die Lernbegleiter_innen, so werden hier die Lehrer_innen genannt, wissen, welche Schüler_innen Unterstützung benötigen. Der Unterricht erfolgt jahrgangsübergreifend, sodass die Schüler_innen sich auch gegenseitig unterstützen können, wenn sie Hilfe benötigen oder Fragen haben. Der Test, der eine Lernreise abschließt, wird nicht benotet, sondern durch ein schriftliches Zertifikat ausführlich beurteilt. Dieses Zertifikat Zeit den Schüler_innen genau auf, was sie in welchem Rahmen noch üben müssen und ist daher nicht an einer konkurrierenden Messung der Schüler_innen untereinander orientiert und ebenso wenig defizitorientiert und nimmt zudem den Druck, sodass lernen entspannt und frei möglich ist. Zudem gibt es, neben den Fachbüros, die Werkstätten, in welchen die Angebote aus dem ästhetischen Lernbereichen stattfinden. So finden sich hier Fächer wie die Musikwerkstatt, bei welcher die Schüler_innen selbst Töne aufnehmen und diese weiterverarbeiten. Viele solcher Fächer werden durch professionelle Personen von außerhalb unterstützt. Hinzu kommt, dass alle Schüler_innen eine Stunde in der Woche Verantwortung für ein frei gewähltes Projekt übernehmen sollen, so geht Luise beispielsweise im Park Müll sammeln. Ich persönlich empfinde das Konzept der Schule als sehr fortschrittlich und zeitgemäß, da nicht nur reine Sachinhalte vermittelt werden, sondern darüber hinaus vielmehr die

Individualität und das Selbstmanagement, Eigenverantwortung, Selbstsicherheit und Selbstein-schätzung im Vordergrund stehen. Dies sind meiner Meinung nach Fähigkeiten, die im Verlauf des weiteren Lebens von viel größerer Bedeutung sind, als Fachwissen, zumal man sich dieses, mit einer guten Eigeninitiative, jederzeit selbst beibringen kann. Eben diese Eigeninitiative und Engagement lernen alle Schüler_innen an der IGS Süd. Ich denke, dass die Lernerfahrungen, die die Schüler_innen an ihrer Schule machen, eine große Rolle bei der Durchführung der Her-ausforderungen spielen werden, weil sie, meiner Meinung nach, gefestigtere Persönlichkeiten mitbringen, als andere gleichaltrige.

2.10 Sitzung am 18.12.2019: 8. Termin – Jugendhilfe und Schulsozialar-beit an der IGS Süd

Bei dem heutigen Besuch der IGS Süd wurden die Jugendhilfe und die Schulsozialarbeit an der Schule vorgestellt. Auch an dieser Sitzung konnte ich leider nicht teilnehmen, weswegen ich mich an dieser Stelle abermals auf Berichte meiner Kommiliton_innen und die zur Verfügung gestellten Materialien beziehe. Die Schulsozialarbeiter_innen der IGS Süd sind, für den Fall, dass Konflikte entstehen, die einer Mediation bedürfen, für eben diese zuständig. Ob die Not-wendigkeit für eine Mediation vorliegt entscheiden die Schüler_innen dabei aber eigenständig. Zudem organisieren die Sozialarbeiter_innen die, durch Schüler_innen mitbegründeten und konzipierten AGs, mit. Die Jugendhilfe ist also integraler Bestandteil des Schulkonzeptes, in-dem sie den Bildungs- und Erziehungsauftrag der Schule, durch besondere Gesprächsangebote und Impulse für partizipative Schulentwicklung und Berufsorientierung, unterstützt. Träger der Jugendhilfe an der IGS Süd ist der Evangelische Verein für Jugendsozialarbeit im Frankfurt am Main, wobei die Sozialarbeit selbst aktuell durch Anna Denk, Laura Müller und Kai Sohrmann durchgeführt wird. Ich persönlich finde den partizipativen Umgang an der Schule beeindrucken und denke, dass alle Schulen so arbeiten sollten, insbesondere das kooperative Zusammenwir-ken von der Institution Schule und der Schulsozialarbeit halte ich für ein gelingendes Lernen und eine erfolgreiche Begleitung von Schüler_innen auf ihrem Weg zum Erwachsenwerden für unabdingbar. Die IGS Süd geht hier meiner Meinung nach auf allen Ebenen mit gutem Beispiel voran und zeigt auf, wie Schule in Zukunft aussehen kann. Hieraus nehme ich für mich für die Zukunft mit, dass es von enormer Wichtigkeit ist, sich mit den Bedürfnissen von Schule und Sozialer Arbeit auseinanderzusetzten und diese miteinander in Einklang zu bringen, sodass die beiden sich wechselseitig unterstützen können, ohne dabei jedoch den Fokus auf die Schü-ler_innen und deren Bedürfnisse zu verlieren.

2.11 Sitzung am 15.01.2020: 9. Termin – Austausch zu den Portfolios

In der Heutigen Sitzung ging es um den Aufbau und die Aufgabenstellungen der Prüfungsleistung Portfolio. In diesem Zuge klärten wir zunächst nochmals die Formalitäten und gingen ergänzende Hinweise in Bezug auf beispielsweise Sprache, Stil, Gliederung und Aufbau der einzelnen Abschnitte durch. Im Anschluss hieran besprachen wir alle einzelnen Seminartage und Inhalte, Methoden und Besuche in der IGS Süd nochmal nach, sodass ich mir nochmal einen guten Überblick über den Ablauf unseres Seminars und die wichtigsten Themen verschaffen konnte. Zudem haben wir spezifische Fragen geklärt, die in Bezug auf einzelne Seminartage oder Inhalte/Methoden aufkamen und haben besprochen, wie diese im Portfolio behandelt und berücksichtigt werden können. Das Zusammentragen der verschiedenen Informationen und Fragen aus unseren verschiedenen Perspektiven hat mir dabei geholfen, mir anderer Ansätze zur Bearbeitung bewusster zu werden und ein konkreteres Verständnis dafür zu bekommen, was genau im Zuge des Portfolios von uns erwartet wird. Wir hatten bereits vor dieser Sitzung die Möglichkeit, Teile unseres Portfolios per E-Mail an Herrn Petrat zu schicken, um eine von ihm korrigierte Version zurück zu bekommen. Leider habe ich diese Möglichkeit nicht wahrgenommen, da ich andere Prüfungen, die vor der Abgabe des Portfolios anstehen, zuerst bearbeiten wollte und musste, sodass ich noch nicht zum Schreiben des Portfolios gekommen bin. Allerdings hat uns Herr Petrat die Möglichkeit eingeräumt, ihm auch weiterhin Portfolios zukommen zu lassen, um eine Korrektur und Vorschläge von ihm zu erhalten. Dieses Angebot empfinde ich als äußerst entgegenkommend und hoffe, dass es mir zeitlich möglich sein wird, es auch wahrzunehmen.

2.12 Sitzung am 22.01.2020: 10. Termin – Schulsozialarbeit am Beispiel des Förderprogramms „Jugendhilfe in der Schule" der Stadt Frankfurt am Main

Thema der heutigen Sitzung war Schulsozialarbeit am Beispiel des Förderprogramms „Jugendhilfe in der Schule" der Stadt Frankfurt am Main. Zunächst sind wir dabei auf die Definition der Schulsozialarbeit nach Karsten Speck eingegangen, bevor wir uns der historischen Entwicklung von Schulsozialarbeit, ihren Begrifflichkeiten, den rechtlichen Grundlagen und ihren Trägern gewidmet haben. Leitziel des Förderprogramms selbst ist, jungen Menschen soziale und gesellschaftliche Teilhabe zu ermöglichen, wobei dies über die Gewährleistung der Bildungsbeteiligung erreicht werden soll. Inhalt der Vorstellung des Förderprogramms waren unter anderem statistische Gegebenheiten, die Standorte und Träger, Ausstattung und Personal, rechtliche Grundlagen und Kooperationen, sowie Umsetzungsbausteine und Kinderschutz.

Besonders interessant war dabei, dass die Jugendhilfe in der Schule weder den Erziehungsauftrag der Schule noch die eigenständigen Dienstleistungsangebote der Jugendhilfe im Sozialraum ersetzen soll, sondern diese ergänzt, dies jedoch in der Praxis nicht von allen beteiligten Instanzen und Institutionen berücksichtigt wird, sodass die Schulsozialarbeit häufig auch Aufgaben, die in den Bereich der Schule fallen, übernimmt. Der Problematik, die sich hieraus ergibt, stehe ich sehr kritisch gegenüber, da ein solcher Umstand meiner Meinung nach zu Lasten der Qualität Sozialer Arbeit geht und somit immer auch direkt oder indirekt Einfluss auf die Schüler_innen hat. Hieraus nehme ich mit, dass die Kooperation zwischen der Institution Schule, der Schulsozialarbeit und den Trägern besonders wichtig ist, um im Sinne aller Kompromisse einzugehen und Konzepte zu erarbeiten, die insbesondere den Schüler_innen zugutekommen, denn auf eben diesen sollte meiner Meinung nach der Fokus von Institution Schule und Sozialer Arbeit liegen.

2.13 Sitzung am 25.01.2020: 3. Blocktag – Thema: Teilnehmende Beobachtung

Die heutige Sitzung fand wieder in Form eines Blocktages statt. Leider konnte ich aufgrund einer parallel stattfindenden Prüfung in einem anderen Blockseminar nicht an der Sitzung teilnehmen. Mein Vorhaben zwischenzeitlich für einen Teil des Tages an diesem teilzunehmen, wurde von Frau Prof. Dr. Köttig als nicht gewinnbringend für die Seminargruppe oder mich beurteilt, weswegen ich letztlich den gesamten Tag nicht anwesend war und mich daher auf die zur Verfügung gestellte Literatur und die Erzählungen der Kommiliton_innen beziehen muss. Inhalt der Sitzung war die teilnehmende Beobachtung, die bei der Durchführung der Praxisphase eine wichtige Rolle spielen wird, da die teilnehmende Beobachtung im Zuge des Projektes Herausforderung angewandt werden soll. Die daraus resultierenden Beobachtungen und Notizen stellen dann im weiteren Verlauf des Moduls 18 die Grundlage für die Abschlussarbeit des selbigen Moduls dar. Die teilnehmende Beobachtung war mir bereits aus meinem vorherigen Studium und aus dem Modul 3 des Studiengangs Soziale Arbeit bekannt, sodass die Nacharbeitung der Sitzung keine große Herausforderung war. Im Grunde ist das Besondere an dieser Methode, dass ich zum einen am Gruppengeschehen teilnehme, zum anderen aber die Gruppendynamiken und -Prozesse, -Interaktionen und gruppenbedinge Emotionen, aus distanzierter Beobachtersicht, wertfrei wahrnehmen muss. Probleme können sich hieraus ergeben, wenn ich mich zu stark mit der Gruppe identifiziere und mich dieser zu stark anpasse, sodass ich meiner Aufgabe als Beobachter_in nicht mehr nachkommen kann. Zudem stellt die unreflektierte Gegenübertragung eine mögliche Gefahr dar, die es zu vermeiden gilt. Hiermit ist die Möglichkeit gemeint, dass ich mich bei meinen Beobachtungen nicht neutral verhalte, sondern auf meine eigenen Erfahrungen und meinen Wissensschatz zurück greife und diese dann in meiner Beobachtung auf das Verhalten der Jugendlichen projiziere, sodass die Beobachtungen dadurch verfälscht sind. Da ich im Zuge meines Lehramtsstudiums schon häufiger in dieser doppelten Funktion war, gehe ich davon aus, dass dies keine allzu große Herausforderung für mich sein wird, zumal wir uns bei der Teilnehmenden Beobachtung auf ein, für uns interessantes, Themengebiet beschränken werden. Aus den Informationen nehme ich für das Projekt mit, dass ich mir im Vorhinein einen konkreten Plan mit Leitfragen erarbeiten muss, damit mir die objektive Teilnehmende Beobachtung leichter fällt, ich zwischendurch nicht vergesse, sie durchzuführen und meine Dokumentation der gemachten Beobachtungen zeitnah stattfindet. Aus meiner bisherigen Erfahrung weiß ich, dass die Berücksichtigung dieser Aspekte mir persönlich hilft und mir eine Stütze für das Zusammentragen gewinnbringender Unterlagen ist. Zudem habe ich in der Vergangenheit gerne auf die Möglichkeit der digitalen Dokumentation zurück gegriffen und hierfür eine App genutzt, die es ermöglicht, Sprachaufnahmen, Videos, Fotos und Texte miteinander verknüpft zu nutzen und so, je nach Gegebenheit, zwischen der ein oder anderen Form der Dokumentation zu wechseln.

2.14 Sitzung am 29.01.2020: 11. Termin – Informationen zur Praxisdokumentation

In der heutigen Sitzung haben wir Informationen zur Praxisdokumentation besprochen, haben uns eine Übersicht über die kommenden Semester und die Module verschafft und sind nochmals auf die teilnehmende Beobachtung eingegangen. Letzteres war sehr beruhigend, da ich an dem Blocktag nicht teilnehmen konnte und somit eigenständig die Inhalte nacharbeiten musste, wobei die Aussage von Frau Köttig, dass wir über die Art und Weise der Teilnehmenden Beobachtung, die sie meine, nichts wissen können, mich sehr verunsicherte. Beim nacharbeiten der Texte fiel mir auf, dass mir Theorie und Praxis, der von ihr beschriebenen teilnehmenden Beobachtung sehr wohl geläufig waren und die Nachbesprechung in der heutigen Sitzung untermauerte diesen Eindruck meinerseits abermals. Besonders gut fand ich, dass einzelne Kommiliton_innen von den teilnehmenden Beobachtungen, die sie im Verlauf des Blocktages durchgeführt haben, berichteten. Dennoch haben sich für uns alle noch Fragen hieraus ergeben, die wir im weiteren Verlauf von Modul 18 klären werden. So war uns allen beispielsweise unklar, wann es sinnvoll ist teilnehmend zu beobachten und wann nicht, wann wir welche Rolle innerhalb der Gruppe einnehmen und ob wir beispielsweise per Foto oder Video dokumentieren dürfen. Auch auf welchen Teilbereich wir uns in unserer teilnehmenden Beobachtung beziehen sollen, konnten wir noch nicht klären, ebenso waren das Ausmaß und die Umsetzbarkeit einer teilnehmenden Beobachtung über die Gesamtdauer des Projekts hinweg Punkte, die es noch zu klären gilt. Aus dieser Sitzung nehme ich daher keine abschließende Erkenntnis mit, sondern das Gefühl, mit etwaigen Unsicherheiten, Fragen und Befürchtungen nicht alleine zu sein und im Rahmen unseres Moduls im weiteren Verlauf die Möglichkeit zu haben, diese aus dem Weg zu räumen.

2.15 Sitzung am 05.02.2020: 12. Termin – Reflexion des Seminars

In der heutigen Sitzung haben wir das Modul reflektiert und Feedback zu einzelnen Einheiten gegeben. Hierzu lag zu jedem Thema stellvertretend ein Bild auf dem Tisch. Jede_r von uns bekam drei Klebepunkte, die wir auf die Inhalte kleben sollten, die uns jeweils am besten gefallen haben. Dabei durften wir ein Thema nicht doppelt bekleben. Im Anschluss haben wir uns einen Überblick darüber verschafft, welche Inhalte bei uns im Durchschnitt thematisch am besten ankamen und jede_r von uns hat begründet, warum er welche Einheit am besten fand. Im Anschluss hat jede_r von uns Feedback dazu gegeben, wie für ihn_sie persönlich das Seminar insgesamt war. Dabei sollten wir auf die positiven Aspekte eingehen, aber auch benennen, was uns gefehlt hat, was wir verbessern würden, was wir ansonsten für Ratschläge haben, oder was uns gar nicht gefallen hat. Diese Möglichkeit des offenen Feedbacks habe ich als sehr angenehm empfunden, da es möglich war, konstruktiv Kritik und Vorschläge zu äußern und die eigene Wahrnehmung mit der Wahrnehmung der anderen abzugleichen. Spontan haben wir aufgeschrieben, was uns gefehlt hat und welche Fragen für uns noch offen sind, sodass wir diese im Verlauf des Moduls 18 weiterbearbeiten und klären können. Ich nehme hieraus mit, dass die Möglichkeit für Lob und Kritik gleichermaßen gegeben sein muss und wichtig ist, um qualitativ arbeiten zu können und das eigene Handeln stets angemessen reflektieren und anpassen zu können.

3 Werkstück – Der Zusammenhang zwischen Komfortzone, Schule und Sozialer Arbeit

Die Komfortzone beschreibt einen Bereich, der bei allen Personen individuell ist, in dem sie sich aber grundsätzlich wohlfühlen, da ein Aufhalten in dieser Zone ein Gefühl der Bekanntheit, Sicherheit und Geborgenheit vermittelt. Bewegt man sich innerhalb dieses Rahmens, so ist es nicht notwendig sich sonderlich anzustrengen oder nachzudenken, um die alltäglichen Ziele zu erreichen, weil die Abläufe gewissen Regelmäßigkeiten und Strukturen folgen, die bereits automatisiert ablaufen (vgl. Rep o.J.). Die Komfortzone selbst ist geprägt durch die Entwicklung der individuellen Persönlichkeit und den damit zusammenhängenden äußeren und inneren Bedingungsfaktoren. So hat als innerer Faktor beispielsweise die Genetik und damit verbunden die persönliche Prädisposition einen Einfluss auf die Komfortzone, als äußere Faktoren spielen beispielsweise Familie, soziales Umfeld, Job, Fertigkeiten aber auch Rituale, Glaubenssätze Lebensumstände und soziales Milieu eine Rolle (vgl. Roth 2009). Die Vielfalt an Bedingungsfaktoren macht deutlich, dass jede Persönlichkeitsstruktur und somit auch jede Komfortzone unterschiedlich und individuell ist, da sie in ihrer Entwicklung immanent prägenden Einflüssen und Faktoren unterliegen. Dieser Umstand erklärt auch, warum Menschen die verschiedensten Aufgaben als leicht oder schwer empfinden, während eine andere Person die gleiche Aufgabe genau gegenteilig bewertet. Die Komfortzone ist ein Ansatz zur Erklärung des Lernens junger Menschen und hat ihren Ursprung in der Erlebnispädagogik (vgl. Rep o.J.). Nach dieser Lerntheorie lassen sich Erlebnisse in die zwei Kategorien Alltag und besonderes Ereignis einteilen, wobei letztere mit stärkeren Emotionen verknüpft sind als erstere und daher auch im Nachhinein besser rezipiert werden können (vgl. Markowitsch 2009). Zugleich stellen besondere Erlebnisse zumeist eine persönliche Herausforderung dar, weil sie dem Kontext des alltäglichen Lebens fremd sind und daher einen gewissen Wagnischarakter mit sich bringen (vgl. Heckmaier/Michl 2002). Hiervon ausgehend hat die Erlebnispädagogik ein Konzept entwickelt, das darauf abzielt, sich außergewöhnliche Ereignisse zu Nutze zu machen, um mit ihrer Hilfe das Lernen im Bereich der Persönlichkeitsbildung zu erweitern (Rehm 2006). In diesem Zusammenhang spielt auch die Intensität des außergewöhnlichen Erlebnisses und der damit verknüpften Emotionen eine tragende Rolle, da dies eine Auswirkung darauf hat, ob sich aus der gemacht positiven oder negativen Erfahrung eine fundamentale Verhaltensänderung ergibt (vgl. Rep o.J.). Nach Brand und Ion kommt der individuellen Stressresistenz ebenfalls eine entscheidende Rolle zu, wobei hier einerseits der Zeitpunkt, ab dem Stress empfunden wird, und andererseits die Wertung des Stresses, also ob dieser als positiv oder negativ wahrgenommen wird, demnach unterstützend oder belastend wirkt, von Bedeutung sind (vgl. Brand/Ion 2011). In Hinblick auf die Lern- und Panikzone, also jene Zonen, die sich außerhalb der Komfortzone befinden, gilt der Eustress als zielführend und stimulierend und ermöglicht ein Heraustreten aus der Komforthinein in die Lernzone. Kippt der Stress jedoch in den Distress-Bereich, folgt hieraus der Austritt aus der Lernzone und der Eintritt in die Panikzone, ein Lernen ist dann nicht mehr möglich, da Blockaden auftreten, die aufgrund starker, negativer Gefühle nicht überwunden werden können (vgl. Rep o.J.). Die positiven Erfahrungen, die sich aus dem Strechting, jenem Prozess, bei dem sukzessive die Komfortzone erweitert wird, ergeben, sind vielfältig und beziehen sich sowohl auf Selbstvertrauen und Selbstwirksamkeit als auf Lernfähigkeit. In Hinblick auf Selbstvertrauen und Selbstwirksamkeit spielen insbesondere die Gefühle Stolz und Zufriedenheit und die Tatsache, sich als selbstwirksam und selbstständig zu erfahren eine Rolle. Eine gelungene Erweiterung der Komfortzone mit Aufenthalt in der Lernzone sorgt also für positiv besetze Erfahrungen, die wiederum, zurück in der Komfortzone, für ein gestärktes Selbstbild sorgen und es dadurch ermöglichen, weiteren Herausforderungen mutiger entgegen zu treten (vgl. Bandura 1997). Inwieweit Lernen in Zusammenhang mit der Erweiterung der Komfortzone steht wurde bereits erläutert. Diese Aspekte spielen insbesondere in Hinblick auf unser Projekt Herausforderungen eine zentrale Rolle, da eben diese Kompetenzen und deren Erwerb dort eine tragende Position einnehmen werden. Das Gleichgewicht zwischen negativen, von der Erweiterung der Komfortzone abhaltenden, Gründen und positiven, die Lust auf das Erlebnis steigernden Aspekten, sollte mindestens gegeben sein, wobei ein Überwiegen der positiven Komponenten in jedem Fall anzustreben ist, um überhaupt eine Motivation zur Durchführung des entsprechenden Erlebnisses herbeizuführen. Als überzeugende positive Ziele führen Reiss und Havercamp 16 Lebensmotive an, auf welche sich menschliche Einstellungen, Werte und Verhaltensweisen zurückführen lassen und anhand derer sich Motivation messen lässt. Aus diesen einzelnen Lebensmotiven lassen sich über 6 Mrd. Kombinationen an individuellen Ausprägungen, die sogenannten „Reiss Profile", erstellen, weshalb die Beantwortung fundamentaler Fragen nur individuell erfolgen kann und nicht übertragbar ist (vgl. Havercam/Reiss 2003). Es ist, mithilfe der ehrlichen Beantwortung von fundamentalen Fragen, jedem Menschen möglich zu verstehen, wie er_sie die eigene intrinsische Motivation triggert beziehungsweise aktiviert und somit im Zuge der Erweiterung der eigenen Komfortzone für sich nutzen kann. Macht uns eine Aufgabe Spaß und wir können mit ihr gleichzeitig ein verfolgtes Ziel erreichen, sind unser Denken und Fühlen im Einklang und wir befinden uns innerhalb der intrinsischen Motivation, benötigen wir, ebenso wie innerhalb der Komfortzone, keine enorme Willenskraft um eine Aufgabe zu erledigen, fallen aber möglicherweise, aufgrund der positiven Attribute wie beispielsweise Spaß an der Aufgabe, sogar in einen Flow-Zustand (vgl. Brand/Ion 2011). Die intrinsische Motivation ergibt sich dabei nach Kehr aus der Schnittmenge der impliziten Motive und der expliziten Ziele (vgl. Kehr 2009). Demnach ist es für das Erlangen einer Lernerfahrung notwendig, dass die zu bewältigende Aufgabe sinnvoll ist und Spaß macht, sodass die der Herausforderungen vorangehende Aufgabe jene ist, sich darüber bewusst zu werden, welches der eigenen Lebensmotive sich für einen selbst nutzen lassen, um die intrinsische Motivation, in Bezug auf das Verlassen der Komfortzone, zu erweitern (vgl. Rep o.J.). Die Lebensmotive, die hierfür eine Rolle spielen können, sind „Hohe Macht", „Hohe Teamorientierung", „Hohe

Neugier", „Niedrige Anerkennung", „Hohe Ziel-/Zweckorientierung", „Hoher Status", „Hohe Rache/Kampf" und „Niedrige emotionale Ruhe". Hat man das für einen persönlich bedeutsamste Lebensmotiv ausgemacht und ist sich dieses Motivs auch bewusst, so ist die Anwendung des selbigen, zugunsten der Erweiterung der eigenen Komfortzone, ohne weitere Probleme möglich und der mehrfache Nutzen eben jener Erweiterung kann hervortreten. Zum einen führt das Streben nach der Erweiterung der Komfortzone zu einem Bewussten Umgang mit dem eigenen Gefühlsspektrum, sodass ein erhöhtes Bewusstsein darüber entsteht, was die eigenen Antreiber für das Erreichen diverser Situationen sind. Zum anderen bietet sich hierdurch die Möglichkeit, etwas Abwechslung in den eigenen Alltag zu bringen und das Verlassen der Komfortzone, zumindest auf Zeit, möglich zu machen. Letztlich ist ein gesteigertes Selbstvertrauen der Preis, den man wohlverdient erhält, wenn man die Lernzone betreten hat (vgl. Rep o.J.). Eine Tätigkeit die zu Beginn in den Bereich der Lernzone fällt, kann im Laufe der Zeit zu einer Erfahrung werden, die sich nun in der Komfortzone selbst befindet, weil sich die eigenen Grenzen, Hemmschwellen und Wertesysteme, aufgrund der gemacht Erfahrungen, neu ausgerichtet haben. Die Komfortzone kann also ständig und stetig wachsen, sofern man sie lässt. Diesen Habituationsprozess nicht nur zuzulassen, sondern durch das eigene Handeln und die eigenen Entscheidungen zu stärken und zu fördern, ist für Gewöhnlich Aufgabe jedes Individuums selbst (vgl. Rep o.J.). Umso fortschrittlicher lässt sich die Einbindung des Konzeptes der Komfortzone in den Kontext Schule bewerten. Gerade in Hinblick auf den Nutzen, der sich aus einer stetigen Erweiterung der eigenen Komfortzone ergibt, ist es sinnvoll, Schüler_innen möglichst frühzeitig an das Konzept heranzuführen und ihnen somit zu ermöglichen, partizipativ und ohne das bereits extreme Hemmschwellen bestehen, an der Optimierung ihres Wissens über sich selbst zu arbeiten. Der Verantwortungsbereich hierfür liegt bei Schulsozialarbeit und Schule, wobei diese sich der Methoden der Jugendhilfe bedienen. Das Bildungsverständnis der Schulsozialarbeit ist orientiert an den Wünschen, Interessen und Bedürfnissen der Schüler_innen und zielt darauf ab, deren individuellen Prozess in der Auseinandersetzung mit der Welt, Werten, Normen und sich selbst zu begleiten. Um dies zu ermöglichen werden neue Bildungsräume eröffnet, wie auch die Erweiterung der Komfortzone im Zuge des Projekts Herausforderung ist (vgl. Kooperationsverbund Schulsozialarbeit 2015). Unter Berücksichtigung und Wahrung der Grundsätze der Schulsozialarbeit werden die Aufträge der Schulsozialarbeit gemeinsam durch Jugendhilfe und Schule wahrgenommen und umgesetzt. Solche sind unter anderem die Bildungschancen zu erhöhen, Übergänge gelingend zu gestalten, die Schulentwicklung zu unterstützen, Schulabsentismus zu vermeiden, Gesundheit zu fördern, Vernetzung zu realisieren und sich politisch zu involvieren. Dies geschieht durch Angebote wie Soziales Lernen, die

Zusammenarbeit mit Bezugspersonen und Offene Angebote für junge Menschen (vgl. Kooperationsverbund Schulsozialarbeit 2015). All die genannten Aspekte kommen im Konzept der Komfortzonenerweiterung zum Tragen, weswegen sie sich für Lernen im Sozialraum Schule eignet. So ermöglicht das Lernen mithilfe der Komfortzonenerweiterung, die Lerngeschwindigkeit und den Lernfortschritt individuell zu gestalten, was zu dem Erhöhen von Bildungschancen führt und Soziales Lernen, durch den Austausch mit anderen Schüler_innen ermöglicht. Da das Lernen anhand der Komfortzone immer mit Spaß verbunden sein soll, beugt es dem Schulabsentismus vor und fördert zugleich die Gesundheit, da viele Projekte im Rahmen der „Herausforderung" auch im Freien stattfinden und Bewegung erfordern, gleichzeitig aber auch durch die Auseinandersetzung mit sich selbst zu einer erhöhten psychischen Gesundheit beitragen können. Der Bezug zu Politik, Vernetzung und Bezugspersonen ist durch die kooperative Arbeit und das Knüpfen von Kontakten im Rahmen einer „Herausforderung" gegeben, da ein stetiges weiterentwickeln des sozialen Netzes hierfür von Nöten ist. Da die Angebote offen und die individuell wählbar sind, schaffen Komfortzonenerweiterung und das Projekt „Herausforderung" optimale Bedingungen für eine neue Ära des Lernens und des Sozialraums Schule.

Literaturverzeichnis

BANDURA, Albert (1997): *Self Efficacy: The Exercise of Control.* Basingstoke u.a.: Palgrave Macmillan.

BILDUNGSTEAM BERLIN BRANDENBURG E.V. (Hg.) (2001): *Alltagskonflikte durchspielen. Rollenspiele für den Mediationsprozess,* o.O.: Verlag an der Ruhr.

BRAND, Markus/ION, Frauke (2011): Einführung in die Theorie der 16 Lebensmotive. In: Brand, Markus/Ion Frauke (Hg.): *Die 16 Lebensmotive in Theorie und Praxis,* Offenbach: GABAL, S. 17-38.

ELTERNVEREIN DER EVANGELISCHE SCHULE BERLIN ZENTRUM WESB E.V. (Hg.) (2018): *Herausforderung 2017+2018,* Berlin: Elternverein der Evangelischen Schule Berlin Zentrum WESB e.V..

FRIEBERTSHÄUSER, Barbara/PRENGEL, Annedore (1997): *Handbuch Qualitative Forschungsmethoden in der Erziehungswissenschaft,* Weinheim u.a.: Juventa Verlag.

HECKMAIR, Bernd/MICHL, Werner (2002): *Erleben und Lernen: Einstieg in die Erlebnispädagogik,* Neuwied u.a.: Luchterhand.

KLEIN, Tanja/WUSTRAU, Christian (2017): *Abenteuer City Bond. Spielideen für soziales Lernen in der Stadt,* Freiburg: Kallmeyer.

KOOPERATIONSVERBUND SCHULSOZIALARBEIT (Hg.) (2015): *Leitlinien für Schulsozialarbeit. Vorgelegt vom Kooperationsverbund Schulsozialarbeit (Informationsbroschüre),* Berlin: Kooperationsverbund Schulsozialarbeit.

KOOPERATIONSVERBUND SCHULSOZIALARBEIT (Hg.) (2015): *Schulsozialarbeit – Anforderungsprofil für einen Beruf der Sozialen Arbeit. Kooperationsverbund Schulsozialarbeit – In Zusammenarbeit mit Landesarbeitsgemeinschaften Schulsozialarbeit (Informationsbroschüre),* Berlin: Kooperationsverbund Schulsozialarbeit.

MARKOWITSCH, H.J. (2009): *Dem Gedächtnis auf der Spur: Vom Erinnern und Vergessen,* Darmstadt: WBG.

REHM, M. (2013): Was ist Erlebnispädagogik? In: *Informationsdienst Erlebnispädagogik & Soziale Trainings. Texte.* Online im Internet: http://www.erlebnispaedagogik.de/texte.htm [Stand: 23.02.2020].

REPP, I. (o.J.): Motivorientierte Erweiterung der Komfortzone, o.O.: FÜhR DEIN LEBEN.

ROTH, G. (2009): *Persönlichkeit, Entscheidung und Verhalten. Warum es so schwierig ist, sich und andere zu ändern,* Stuttgart: Klett-Cotta.

SCHUNK, Monika (2005): *Streitschlichter in der Schule – Ein Praxisbuch für die Ausbildung von Kindermediatoren,* München: Claudius.

STADTSCHULAMT STADT FRANKFURT AM MAIN (Hg.) (2015): *Förderprogramm Jugendhilfe in der Schule. Rahmenstandard (Informationsbroschüre),* Frankfurt a.M.: Stadtschulamt Stadt Frankfurt am Main.

STADTSCHULAMT STADT FRANKFURT AM MAIN (Hg.) (2011): *Förderprogramm Jugendhilfe in der Schule. Auswertungsbericht 2010/2011 (Informationsbroschüre),* Frankfurt a.M.: Stadtschulamt Stadt Frankfurt am Main.

BEI GRIN MACHT SICH IHR WISSEN BEZAHLT

- Wir veröffentlichen Ihre Hausarbeit, Bachelor- und Masterarbeit

- Ihr eigenes eBook und Buch - weltweit in allen wichtigen Shops

- Verdienen Sie an jedem Verkauf

Jetzt bei www.GRIN.com hochladen und kostenlos publizieren